LA
SVITTE
DE L'EPISTRE
d'Ouide.

Nouuellement traduicte en
François.

A PARIS,

_____

1628.

3

LA
SVITTE
DE L'EPISTRE
d'Ouide.

Nouuellement traduicte
en François.

POLIDOR a si
peu de subiect d'e-

[illegible] ...y-
me ... Floride
...ne, & ...
...ymée. O Dieu que
le merveilleux [illegible]
destin d'estre forcé d'ay-
mer vne personne qui
n'a plus d'amour, &
qui pour l'enfance [illegible]
ne veut plus de raison
ignorante font de pen-
ser qu'elle ne peut de-
meurer dans les liens
d'vne saincte affection.
Ie m'addresse à vous,
Floride, pour vous di-
re que le monde re-
grette que vous ne [illegible]
riez peur de [illegible], Ie

A

beaucoup d'ingratitude,
mais il se resiouyst que
cela sert à l'augmenta-
tion de voltre gloire.
Si vous n'auiez autant
de courage, que Poli-
dor de lafchete, ie m'ef-
forcerois de vous con-
soler en cefte separa-
tion, où pour auoir
trop d'affection, vous
auez eu pitié d'vne per-
sonne que vous che-
riffez tant, & qui vous
defdaigne si fort, ne
prenez pas garde à ses
mefpris, Floride, ou-
bliez ces actions qui ne
doiuent iamais tomber

en la pensée , & sou-
uenez vous qu'elles ne
sont qu'à vostre aduan-
tage.

Ce n'estoit pas assez
Floride , que Polidor
eust cognoissance de
vostre vertu , il falloit
que l'indiscretion de cest
inconstant qui auoit
plus d'interest à la con-
seruation , vous rendit
ce bon office de la pu-
blier par tout le monde
en l'attaquant. Com -
me il n'auoit pour gui-
de que son inconside-
ration , & sa perfidie,
aussi toutes choses sont

artifices contre ses mau-
uais desseins, il vou-
loit raualler vostre me-
rite, & vostre naissan-
ce, mais il les releue
aussi foibles qu'ils sont
extraordinaires: n'ayant
point de raison pour
troubler vostre repos,
il met en exercice sa fo-
lie pour vous preparer
des ennuis, & vous iet-
ter au desespoir: mais
sage Floride, l'apprehen-
sion que vous auiez que
vos innocentes amours
ne tombassent sur la ca-
lomnie, sont les plus
grands tourmens, & le

plus dangereux mal que
ce barbare vous a fait
souffrir en ce combat
d'honneur, où l'examen
de voftre vie & de vos
actions, a chaſié la meſ-
diſance qui en vouloit
approcher. Si toſt que
vous euſtes publié vos
plaintes, & fait vos re-
proches contre Polidor,
vous miſtes dans les
cœurs vn ſi ſenſible reſ-
ſentement de voftre in-
fortune , que pour le
teſmoigner ils deman-
derent aux Dieux que ce
deſloyal fuſt puny, leurs
feruentes prieres furent
exaucees,

exaucées, puis que la iu-
ftice les conduifoit ; &
vous eftes obligee de ce
bon-heur à ceux qui ne
cognoiffoient voftre me-
rite que par voftre affli-
ction. Voyez, Floride,
comme les effects de
l'ingratitude font mer-
ueilleux! le Ciel qui s'en-
nuyoit de la continua-
tion de vos defplaifirs,
les a voulu changer en
ioye, & les Dieux qui
auoient trauaillé à la con-
duitte de vos nopces,
ont voulu prendre le
foing de les conferuer,
& rendre iufte & publi-

que, ce que la mesdi-
sance vouloit declarer
secret & coulpable. Vi-
uez contente, chaste
Floride, puis que le
Ciel est pour vous, &
croyez que pour ren-
dre vostre merite im-
mortel, vous deuiez
rencontrer vn incon-
stant qui vous fit per-
dre en cest aggreable
seiour de Lai, vostre
liberté par sa sagesse, &
vous la rendant dans Pa-
ris par son impruden-
ce: Pardonnez-luy, Flo-
ride, il est assez excu-
sable, car depuis son

depart d'auprés de vous,
il a perdu la raison auec
son amour, permettez-
luy ce bien de vous voir,
puis qu'il espere en vous
approchant, deuenir en
l'estat où il iugea que
Floride estoit seule ca-
pable d'arrester l'incon-
stance de Polidor, ne
reiettez point ses prieres,
puis que l'effect en est
souhaitté par vos sain-
ctes affections, & que
vous ne desiriez rien plus
au monde, que Floride
viue auec Polidor.

Il est maintenant con-
ioinct auec vous, par le

souhaitté lien d'Hime-
nee, Floride, le ferme
lien de deux amans, le iuste & libre accomplisse-
ment de leurs desirs, lien
tant souhaitté de Floride
afin de faire paroistre la
fidelité qu'elle auoit portee & quelle portoit aPo-
lidor. La ferueur de son
amitié enuers Polidor a
esté si retenue qu'elle n'a
iamais fait paroistre (par
sa iuste constance)qu'elle
eust aucune affection
vers Polidor : mais reco-
gnoissant le changement
& mutation volage des
esprits les plus releuez

(principalement en ce
qui concerne l'amour hô-
neste) elle s'est aimee des
aimes de la vertu pour
empescher le declin &
rauallement de ce qu'elle
auoit de plus cher au mô-
de, qui estoit l'amour enuers son Polidor ; & s'e-
stant efforcee de plus en
plus à luy donner les at-
traits & les signes les plus
particuliers qu'elle pour-
roit conceuoir en son es-
prit pour l'entretenir en
sô amitié ordinaire qu'elle luy auoit portee & portoit : en fin recogneut la
mutation & changement

qui se preparoit enuers
elle: mais l'heureux succés
arriua tout au contraire
au contentement de Flo-
ride, & contre l'opinion
que l'on auoit conceuë
en l'esprit de Polidor: de
sorte qu'il se proposa en
luy mesme de vouloir
quitter tous les obiects
diuers qui se presentoiét
deuant ses yeux, contre
les fidelitez de sa Floride,
& se resolut de demeurer
perpetuellement dans le-
dit lien d'Himenee pour
viure ensemble content
auec celle qu'il auoit es-
prouuee par les trauerses

d'amour communes en-
tre deux amans, esperant
auoir quelque surjon
pour tesmoing de leur a-
mour coniugal.

FIN.